AF229009

CONTRE

LE

CHATELET.

Monstre qu'a trop long-tems épargné le tonnerre,
Reste impur des brigands dont j'ai purgé la terre.

1790.

CONTRE

LE

CHÂTELET.

En l'assemblée générale du district des petits augustins, tenue le 24 avril 1790, au sujet de l'arrêté du district des cordeliers du 20 de ce mois, concernant le tribunal du châtelet,

Me. QUILLET, avocat, vice-président, a demandé la parole, et a dit:

MESSIEURS,

Le citoyen qui, le 20 de ce mois, a déféré à l'assemblée du district des cordeliers les manœuvres combinées de l'aristocratie confédérée de la noblesse et du clergé contre les membres de l'assemblée nationale qui se sont montrés les défenseurs du peuple françois, mérite de votre part ce sentiment d'affection, de sensibilité et de reconnoissance que vous accordez, par un mouvement naturel et spontané, à toutes les actions, même aux pensées vraiment patriotiques.

L'auteur de la motion a dénoncé tout ce qui jusqu'alors étoit venu à sa connoissance. Il n'étoit pas informé de tout ce qui se passoit.

Il ignoroit sans doute que ce tribunal, fait pour informer des crimes commis contre la nation, c'est-à-dire des attentats commis contre vous, par des hommes qui vous ont si long-tems présenté le spectacle effrayant de la guerre au sein d'une famélique paix;

il ignoroit que ce tribunal, perdant de vue l'objet et la véritable latitude de sa mission, dans la crainte apparemment que son pouvoir ne s'étendît pas assez loin, avoit donné à tous

(5)

les bailliages et sénéchaussées des commissions,
à l'effet d'informer et d'entendre en déposition
tous ceux qui, ayant quitté la capitale, pour-
roient déposer et être entendus sur les événemens des nuits des 5 et 6 octobre dernier,
et d'informer sur tout ce qui pourroit venir à
leur connoissance sur les faits.

L'éloignement a sans doute retardé jusqu'à
ce moment l'effet de ces commissions.

Mais, messieurs, nous ne devons pas attendre l'effet du danger pour aviser aux moyens
de le prévenir, en nous pénétrant des sentimens
qui nous ont été suggérés par le généreux
citoyen auquel le patriotisme a dicté la motion
du 20 avril, sans comparer ce qui s'est passé
sous le roi Jean avec les événemens dont nos
cœurs vous rendent encore un fidele compte,
si des considérations secondaires n'ont pas
étouffé chez vous la voix sacrée de l'honneur,
de la vérité et de la liberté. Vous savez,
messieurs, quels sont les motifs qui vous ont
animés, lorsque bravant toutes les intempérie?,

A 3

tous les dangers, vous avez suivi les étendarts de la liberté : vous n'aviez pour but que de défendre et d'assurer la personne sacrée du plus chéri des monarques. Si, sous le roi Jean, des démarches bien moins éclatantes que les vôtres ont été travesties en des entreprises contre le respect dû au trône, que n'aurions-nous pas à craindre en ces momens, où la seule force que redoutent les ennemis de votre liberté est cette bravoure dont vous faites profession, qui vous fait mépriser non-seulement les aisances de votre fortune compromise, mais la conservation de votre vie même, qui n'est rien si la liberté n'en est la défense!

Dans cette position, sans attendre ce qui pourra être délibéré par les districts, qui, comme nous, ont eu connoissance de la motion du généreux citoyen qui, le 20 avril dernier, a déployé dans son district les plus grands senti-mens, je crois qu'il convient à la sagesse connue de vos délibérations, et au zèle constant qui caractérise tous vos mouvemens, d'adhérer purement et simplement à l'arrété du district des cordeliers. En vous pénétrant de l'esprit de cet arrêté, vous verrez qu'il vous garantit la liberté, l'inviolabilité de vos délibérations, et qu'il vous offre le seul moyen qui vous reste de rendre inutiles les derniers efforts de l'aristocratie noble et cléricale coalisées jusqu'au trépas.

Et ensuite Me. BOUCHER, avocat, ayant demandé la parole, a dit :

MESSIEURS,

Qui de nous ne s'est pas livré sans réserve à la joie de posséder, au sein de la capitale, le roi et son auguste famille? Qui de nous s'est permis des réflexions, sur les moyens employés pour nous procurer cette chère, cette précieuse possession? Qui de nous n'a senti reculer son cœur, à l'idée d'une sombre recherche des causes d'un si grand avantage? Le sentiment d'une vraie jouissance ne s'évaporeroit-il pas, en remontant trop haut à la source d'un si grand bonheur?

Que penser donc d'une compagnie uniquement occupée à verbaliser la journée du 5 au 6 d'octobre, pour inquiéter quelques coopérateurs outrés peut-être de cette révolution? Semblable compagnie partage-t'elle bien sincèrement l'enthousiasme que nous cause la présence habituelle de leurs majestés? Peut-on croire à son vrai patriotisme, quand il lui laisse tout ce sang-froid qu'exigent et le plan d'une procédure et l'activité d'une poursuite? Eh! messieurs, si les officiers du châtelet desirent tant que la fameuse dernière journée ait été exempte de tout excès, c'est apparemment qu'ils regrettent qu'elle ait existé; autrement auroient-ils le courage d'en vouloir ramener les circonstances au cours ordinaire et paisible de l'ancienne anti-constitution? croient-ils que nous ayons été insensibles à la vue de ces malheureuses victimes du desir effréné d'un peuple, qui ne vouloit plus se séparer d'un royal et tendre père? Mais le succès essuya nos pleurs; ne devoit-il pas de même tarir la source de toute recherche? glacer la langue de tout officier du ministère public? dissiper à jamais jusqu'au moindre nuage de tout odieux soupçon?

Si donc, dans cette universelle ivresse de notre bonheur, la balance de la justice n'est pas échappée de la main de ce souverain tribunal de lèze-nation, et s'il peut juger les moyens, au lieu de sentir les effets de la révolution dernière; c'est qu'il tient à cet ancien état des choses, où il reprenoit la supériorité sur nous, au centuple de sa soumission à d'autres.

Soyez donc sûrs, Messieurs, que le châtelet ainsi disposé va incessamment, par les obscures sinuosités de la procédure, remonter jusqu'à l'origine de notre liberté recouvrée; j'en jure par la liaison intime des deux fameuses journées de la révolution : oui, Messieurs, il informera contre les conquérans de la bastille, sous prétexte de poursuivre les meurtres commis en la personne des Flesselles, des Foulon, des Bertier; de même qu'à l'occasion de la meurtriere matinée du 6 d'octobre, il peut s'ériger en inquisiteur contre la garde nationale même, sans s'effrayer de la sainte et patriotique complicité de toute la France.

Qu'arrivera-t-il alors, Messieurs? les magistrats du châtelet nous apprendront qu'ils sont les seuls qui soient innocens de la révolution, mais quelle honteuse solitude, et quels innocens! sont-ce pareils innocens qu'il nous faut, pour juges du crime de lèze-nation? car enfin qui peut se trouver coupable de ce crime ? c'est sans contredit tout ennemi de la révolution. Donc MM. du châtelet doivent consacrer leur commission en dernier ressort à la découverte des anti-révolutionnaires; donc ils encourent l'incompétence la plus attentatoire, si-tôt qu'ils critiquent les circonstances et qu'ils menacent les auteurs de la révolution même.

J'estime donc, messieurs, qu'il faut adhérer à l'arrêté du district des cordeliers du 20 avril, et à son adresse;

Et y ajoutant, qu'il faut aussitôt après l'adhésion de la majorité des districts, requérir

M. le maire de charger M. le commandant géné.
ral de défendre à toute la garde nationale de
prêter assistance ni main-forte à l'exécution
d'aucun décret de la commission en dernier
ressort donnée au châtelet pour la connoissance
et poursuite des crimes de lèze-nation, jusqu'à
ce que les charges et informations faites sur
ladite commisrion aient été envoyées et communiquées au comité des rapports de l'assemblée
nationale;

Que l'arrêté à intervenir doit être imprimé,
et envoyé aux cinquante-neuf autres districts et
à M. le maire, ainsi qu'aux mandataires provisoires en l'hôtel-de-ville.

L'ASSEMBLÉE GÉNÉRALE, lecture faite de
l'arrêté du district des cordeliers du 20 du présent mois, ainsi que de son adresse,

A arrêté d'adhérer, comme elle adhère aux-
dits arrêté et adresse du district des cordeliers;

Et y ajoutant, a arrêté de requérir, aussitôt
après l'adhésion de la majorité des districts,

M. le maire de charger M. le commandant gé-
néral de défendre, à toute la garde nationale, de
prêter assistance ni main-forte à l'exécution d'aucun décret de la commission en dernier ressort
donnée au châtelet pour la connoissance et poursuite des crimes de lèze nation, jusqu'à ce que
les charges et informations, faites en ladite commission, ayent été envoyées et communiquées au
comité des rapports de l'assemblée nationale;

Que le présent arrêté, ainsi que lesdites deux
motions en tête, seront imprimées, et envoyées
aux cinquante - neuf autres districts, à M. le
maire, et aux mandataires provisoires en l'hôtel-
de-ville.

FAIT au district des petits - augustins, le
vingt quatre avril mil sept cent quatrevingt-dix.
Signé, JOURDAN, président; QUILLET,
vice-président, et MASSON, secrétaire-greffier.